Home | Doenças profissionais. Art. 24. Lei Complementar 073. (MA). | UEMA Maranhão State University | Processo GDR - Caxias 487/99 | Teacher | Agenda | Agenda 1 | Negritude e poder na Língua Árabe | Negritude e poder na Língua Chinesa | Negritude e poder na Língua Coreana | Negritude e poder na Língua Espanhola | Negritude e poder na Língua Hebraica | Negritude e poder na Língua Holandesa | Negritude e poder na Língua Italiana | Negritude e poder na Língua Japonesa | Negritude e poder na Língua Pérsica | Negritude e poder na Língua Polonesa | Negritude e poder na Língua Russa | Negritude e poder na Língua Turca | Negritude e poder na Língua Ucraniana | Negritude e poder na Língua Alemã. | Negritude e Poder em Francês. Noirceur et pouvoir. | Blackness and Power 2nd. edition | Words to visitor | Immediate Use Troops | Kipling | Song 2 | Ekaterina Polushina | November 2002 | Medical Ethics | Medical Expertise | Contact Me | Lawyer | Revenge Target: Pinochet | Perfil militar | Gilberto Freyre | National Shame | The fury of roman legions | Good and Evil Together | Negritude | Blackness and Power 7 | Blackness and Power 6 | Blackness and Power 5 | Blackness and Power 4 | Blackness and Power 3 | Blackness and Power 2 | Blackness and Power 1 | Partners, alert! | The third State | Tiranny | Moment of decision | The message of Ibirapuera | Globalization=Corruption | Operation "Itororó" | National crusade | Electoral Transformism | Argos e as faces | 09/20/88 Deputies Chamber | 1991 - Telegram Deputies Chamber | 06/26/92 Deputies Chamber | Proposta 03704 | Proposta 03707 | Proposta 03597 | Proposta 03226 | Proposta 03382 | Proposta 03389 | Proposta 03554 | 02/27/87 Senate | 04/03/89 Senate | Before December 1992 | Review Lessons | Old Home Page | Lições que ficaram | Política bancária | Propostas sobre política bancária | Fantasy | Military Song | Proposal # 03389 | Central Bank | Qualidade Total - Total Quality | Interpelações administrativas - Administrative interpellations. | Grande Oriente do Brasil - Great East of Brasil | Secretaria de Educação Municipal - General office of Municipal Education | Justiça do Trabalho - Justice of the Work | Razões do agravo de petição - Reasons of the petition offence | Essay Page | Requerimentos - Applications | 01/07/1985 | 08/06/1984 | Translations from "Requerimentos" | Translations 1 | Federal savings bank | Proposta 03845 | Proposta 03829 | Proposta 03828 | He alerts the youths!

Web Log On Line Diary Nehemias

Words to visitor

Enter subhead content here

Você está sendo convidado a preencher algumas linhas nesta página em branco.

Recebo o internauta com excertos contidos na página 3, julho-agosto 1997, do jornal "Letras em Marcha":

"...CASTRO ALVES deixou-nos obras épicas, publicamos a seguir, um de seus mais significativos poemas. Tem ele a faculdade de nos revelar que, em nosso País, o tratamento recebido pelos Veteranos da GUERRA DO PARAGUAI foi tão injusto quanto o que, há meio século tem sido dispensado aos da II Guerra Mundial.

QUEM DÁ AOS POBRES, EMPRESTA A DEUS

Autor: Antônio Frederico de Castro Alves

Eu, que a pobreza de meus pobres cantos

Dei aos heróes - aos miseráveis grandes -

Eu, que sou cego, - mas só peço luzes...

Que sou pequeno, - mas só fito os Andes...

Canto nest´hora, como o bardo antigo

Das priscas eras, que bem longe vão,

O grande NADA dos heróes, que dormem

Do vasto pampa no funereo chão...

Duas grandezas n´este instante cruzam-se!

Duas realezas hoje aqui se abraçam!...

Uma - é um livro laureado em luzes...

Outra - uma espada, onde os laureis se enlaçam.

Nem cora o livro de hombrear co´o sabre...

Nem cora o sabre de chamal-o irmão...

Quando em loureiros se biparte o gladio

Do vasto pampa no funereo chão.

E foram grandes teus heróes, ó pátria,

- Mulher fecunda, que não crea escrvos -

Que ao trom da guerra soluçaste aos filhos

"Parti - soldados, mas voltae-me - bravos!."

E qual Moema desgrenhada, altiva,

Eis tua prole, que se arroja então,

De um mar de glórias apartando as vagas

Do vasto pampa no funereo chão.

E esses Leandros do Hellesponto novo

Se resvallaram - foi no chão da história...

Se tropeçaram - foi na eternidade...

Se naufragaram - foi no mar da glória...

E hoje o que resta dos heróes gigantes?...

Aqui - os filhos que vos pedem pão...

Além - a ossada, que branquêa a lua,

Do vasto pampa no funereo chão.

Ai! quantas vezes a creança loura

Seu pae procura pequenina e nua,

E vai, brincando co´o vetusco sabre,

Sentar-se à espera no portal da rua...

Mísera mãe, sobre teu peito aquece

Esta avesinha, que não tem mais pão!...

Seu pae descansa - fulminado cedro -

Do vasto pampa no funereo chão.

Mas já que as águias lá no sul tombaram

E os filhos d´águias o poder esquece...

É grande, é nobre, é gigantesco, é sancto!...

Lançai - a esmola, e colhereis - a prece!...

Oh! dai a esmola... que, do infante lindo

Por entre os dedos da pequena mão,

Ella transborda... e vai cahir nas tumbas

Do vasto pampa no funereo chão.

Há duas cousas neste mundo sanctas,

- O rir do infante, - o descansar do morto...

O berço - é a barca, que encalhou na vida,

A cova - é a barca do sidereo porto...

E vós dissestes para o berço - Avante! -

Em quanto os nautas, que ao Eterno vão,

Os ossos deixam, qual na praia as ancoras,

Do vasto pampa no funereo chão.

É sancto o laço, em qu´hoje aqui s´estreitam

De heroicos troncos - os rebentos novos!

É que são gemeos dos heróes os filhos

Inda que filhos de diversos povos!

Sim! me parece que n´est´hora augusta

Os mortos saltam da feral mansão...

E um "bravo" altivo de alem-mar partindo

Rola do pampa no funereo chão!...

São Salvador, 31 de outubro de 1867.

Nota da Redaçao. - Este poema foi transcrito do livro ESPUMAS FLUTUANTES, com a manutenção da ortografia original. Foi ele declamado pelo autor no Gabinete Português de Leitura, tendo sido a renda ofertada às famílias dos soldados mortos na guerra.

Who Gives To the Poor persons, Loans To the God

Author: Antonio Frederico de Castro Alves

I, who the poverty of my songs

gave to poor persons, the heroes - to the great villains

- I, whom I am blind, - but I only ask for light...

That I am small, - but I only look at Andean Mountains...

I sing this time, as the old bard Of the passed ages,

That well far go, the great NOTHING of heroes,

That they sleep in vast lands in the funeral soil...

Two largenesses in this instant are crossed!

Two royalties today are hugged here...

One - it is a book honored in light...

Another one - a sword, where the crowns it enlaces.

Nor get ashamed the book of being shoulder to a sword...

Nor get ashamed the sword to call him brother...

When in leaves of glory he has bibroken the gladio

Of vast "Pampas"(grass) in the funeral soil.

And heroes, oh! yours natives had been great,

- fruitful Woman, who not created slaves -

That to sound of the war cried to the children " go - welded, but return to me - brave.

"And which dishevelled, proud Moema,

Here it is your offspring, who then, Of a sea of glories separating the vacant Of vast grass in the funeral soil.

And these Leandros of the new Hellesponto

If they fell down - it was in the soil of history...

If they had stumbled - it was in the eternity...

If they had been shipwrecked - it was in the sea of the glory...

And today what it remains of giant heroes?...

Here - the children who ask for bread to you...

Beyond - the skeleton, that become to white color the moon,

From vast grass in the funeral soil.

Ai! how many times the blond child

Its father looks for teeny and naked, and goes,

playing with the old sword,

To sit down it the wait in the vestibule of the street...

Miserable mother, on your chest heats This little bird,

that it does not have more bread...

Its father rests - like a burned cedar -

From vast grass in the funeral soil.

But since the eagles back in the south had tumbled

and the eagle´s children the power forgets...

It is great, it is noble, it is gigantic, it is saintful...
You launch - the alms, and you will harvest - prayings...

Oh! you give the alms... that, of the pretty infant

Among the fingers of the small hand, it overflows...

and goes to fall down the tombs

From vast grass in the funeral soil.

Things in this world have two they are holy ones,

- laughing at the infant, - resting of the deceased...

The cradle - it is the bark, that ran aground in the life,

the hollow - is the bark of the cosmic, in space port...

And you you said for the cradle - Go on!

- In how much pilots, that to the Eternity they go,

the bones leave, which in the beach anchor them,

From vast grass in the funeral soil.

The loop is saint, in that this hour get together of heroic trunks

- the new born children here!

He is that the children are twins of heroes

who children of diverse peoples! Yes! it seems that in

this solemn hour the deceased jump from the dead´s mansion...

to say " brave "

And proud from the beyond-sea leaving

Rolls of grass in the funeral soil...

Saint Salvador, 31 of October of 1867.

Note from Editors. - This poem was transcribed from the book FLOATING FOAM, with the maintenance of the original orthography. He was it declaimed by the author in the Portuguese Cabinet of Reading, having been the income offered to the families of the soldiers died in the war.

Enter content here

Enter content here

Enter content here

Enter supporting content here

Home | Doenças profissionais. Art. 24. Lei Complementar 073. (MA). | UEMA Maranhão State University | Processo GDR - Caxias 487/99 | Teacher | Agenda | Agenda 1 | Negritude e poder na Língua Árabe | Negritude e poder na Língua Chinesa | Negritude e poder na Língua Coreana | Negritude e poder na Língua Espanhola | Negritude e poder na Língua Hebraica | Negritude e poder na Língua Holandesa | Negritude e poder na Língua Italiana | Negritude e poder na Língua Japonesa | Negritude e poder na Língua Pérsica | Negritude e poder na Língua Polonesa | Negritude e poder na Língua Russa | Negritude e poder na Língua Turca | Negritude e poder na Língua Ucraniana | Negritude e poder na Língua Alemã. | Negritude e Poder em Francês. Noirceur et pouvoir. | Blackness and Power 2nd. edition | Words to visitor | Immediate Use Troops | Kipling | Song 2 | Ekaterina Polushina | November 2002 | Medical Ethics | Medical Expertise | Contact Me | Lawyer | Revenge Target: Pinochet | Perfil militar | Gilberto Freyre | National Shame | The fury of roman legions | Good and Evil Together | Negritude | Blackness and Power 7 | Blackness and Power 6 | Blackness and Power 5 | Blackness and Power 4 | Blackness and Power 3 | Blackness and Power 2 | Blackness and Power 1 | Partners, alert! | The third State | Tiranny | Moment of decision | The message of Ibirapuera | Globalization=Corruption | Operation "Itororó" | National crusade | Electoral Transformism | Argos e as faces | 09/20/88 Deputies Chamber | 1991 - Telegram Deputies Chamber | 06/26/92 Deputies Chamber | Proposta 03704 | Proposta 03707 | Proposta 03597 | Proposta 03226 | Proposta 03382 | Proposta 03389 | Proposta 03554 | 02/27/87 Senate | 04/03/89 Senate | Before December 1992 | Review Lessons | Old Home Page | Lições que ficaram | Política bancária | Propostas sobre política bancária | Fantasy | Military Song | Proposal # 03389 | Central Bank | Qualidade Total - Total Quality | Interpelações administrativas - Administrative interpellations. | Grande Oriente do Brasil - Great East of Brasil | Secretaria de Educação Municipal - General office of Municipal Education | Justiça do Trabalho - Justice of the Work | Razões do agravo de petição - Reasons of the petition offence | Essay Page | Requerimentos - Applications | 01/07/1985 | 08/06/1984 | Translations from "Requerimentos" | Translations 1 | Federal savings bank | Proposta 03845 | Proposta 03829 | Proposta 03828 | He alerts the youths!

Web Log On Line Diary Nehemias

Tropas de Emprego Imediato

Enter subhead content here

Contexto:

Forças armadas regulares definidas na Constituição Brasileira.

Lista de prioridades

Lista nº 1:

1) Comida

2) Munição

3) Combustível

Fonte de recursos:

Despesas com fardamento:

Gorro, camisa, calça, calção de educação física.

Proposta:

Não gastar um centavo em despesas com fardamento.

Nomear aquartelamentos sujeitos à diretriz:

"O uso do uniforme não é obrigatório nesta organização militar".

Enter content here

Enter content here

Enter content here

Enter supporting content here

Home | Doenças profissionais. Art. 24. Lei Complementar 073. (MA). | UEMA Maranhão State University | Processo GDR - Caxias 487/99 | Teacher | Agenda | Agenda 1 | Negritude e poder na Língua Árabe | Negritude e poder na Língua Chinesa | Negritude e poder na Língua Coreana | Negritude e poder na Língua Espanhola | Negritude e poder na Língua Hebraica | Negritude e poder na Língua Holandesa | Negritude e poder na Língua Italiana | Negritude e poder na Língua Japonesa | Negritude e poder na Língua Pérsica | Negritude e poder na Língua Polonesa | Negritude e poder na Língua Russa | Negritude e poder na Língua Turca | Negritude e poder na Língua Ucraniana | Negritude e poder na Língua Alemã. | Negritude e Poder em Francês. Noirceur et pouvoir. | Blackness and Power 2nd. edition | Words to visitor | Immediate Use Troops | Kipling | Song 2 | Ekaterina Polushina | November 2002 | Medical Ethics | Medical Expertise | Contact Me | Lawyer | Revenge Target: Pinochet | Perfil militar | Gilberto Freyre | National Shame | The fury of roman legions | Good and Evil Together | Negritude | Blackness and Power 7 | Blackness and Power 6 | Blackness and Power 5 | Blackness and Power 4 | Blackness and Power 3 | Blackness and Power 2 | Blackness and Power 1 | Partners, alert! | The third State | Tiranny | Moment of decision | The message of Ibirapuera | Globalization=Corruption | Operation "Itororó" | National crusade | Electoral Transformism | Argos e as faces | 09/20/88 Deputies

Chamber | 1991 - Telegram Deputies Chamber | 06/26/92 Deputies Chamber | Proposta 03704 | Proposta 03707 | Proposta 03597 | Proposta 03226 | Proposta 03382 | Proposta 03389 | Proposta 03554 | 02/27/87 Senate | 04/03/89 Senate | Before December 1992 | Review Lessons | Old Home Page | Lições que ficaram | Política bancária | Propostas sobre política bancária | Fantasy | Military Song | Proposal # 03389 | Central Bank | Qualidade Total - Total Quality | Interpelações administrativas - Administrative interpellations. | Grande Oriente do Brasil - Great East of Brasil | Secretaria de Educação Municipal - General office of Municipal Education | Justiça do Trabalho - Justice of the Work | Razões do agravo de petição - Reasons of the petition offence | Essay Page | Requerimentos - Applications | 01/07/1985 | 08/06/1984 | Translations from "Requerimentos" | Translations 1 | Federal savings bank | Proposta 03845 | Proposta 03829 | Proposta 03828 | He alerts the youths!

Web Log On Line Diary Nehemias

Kipling

Enter subhead content here

Poema "Se", de Rudyard Kipling.

Versão livre de Felix Bermudas

Se podes conservar o teu bom senso e a calma,

Num mundo a delirar, para quem o louco és tu;

Se podes crer em ti, com toda a força da alma,
Quando ninguém te crê; se vais faminto e nu,

Trilhando sem revolta um rumo solitário;

Se à tôrva ignorância, à negra incompreensão

Tu podes responder subindo o teu Calvário.

Com lágrimas de amor e bênçãos de perdão;

Se podes dizer bem de quem te calunia;

Se dás ternura em troca aos que te dão rancor,

Mas sem a afetação de um santo que oficia,

Nem pretensões de sábio a dar lições de amor;

Se podes esperar sem fatigar a esperança;

Sonhar, mas conservar-te acima do teu sonho;

Fazer do Pensamento um Arco de Aliança,

Entre o clarão do inferno e a luz do céu risonho;

Se podes encarar com indiferença igual,

O Triunfo e a Derrota - eternos impostores;

Se podes ver o Bem oculto em todo o mal

E resignar, sorrindo, o amor dos teus amores;

Se podes resistir à raiva ou à vergonha

De ver envenenar as frases que disseste

E que um velhaco emprega, eivadas de peçonha,

Com falsas intenções que tu jamais lhes deste;

Se podes arriscar todos os teus haveres

Num lance corajoso, alheio ao resultado,

E calando em ti mesmo a mágoa de perderes, Voltas a palmilhar todo o caminho andado;

Se podes ver por terra as obras que fizeste,

Vaiadas por malsins, desorientando o povo,

E sem dizer palavra, e sem um têrmo agreste

Voltares ao princípio, a construir de novo;

Se podes obrigar o coração e os músculos

A renovar o esforço, há muito vacilante,

Quando já no teu corpo, afogado em crepúsculos,

Só existe a Vontade a comandar "Avante"!

Ou vivendo entre os reis conservas a humildade;

Se, vivendo entre o povo, és virtuoso e nobre,

Se inimigo ou amigo, o poderoso e o pobre

São iguais para ti, à luz da Eternidade;

Se quem conta contigo encontra mais que a conta;

Se podes empregar os sessenta segundos

De um minuto que passa, em obra de tal monta

Que o minuto se espraie em séculos fecundos;

Então, ó Ser Sublime, o mundo inteiro é teu!

Já dominaste os reis, os tempos e os espaços,

Mas, ainda para além, um novo sol rompeu,

Abrindo um infinito ao rumo dos teus passos;

Pairando numa esfera acima dêste plano,

Sem recear jamais que os erros te retomem,

Quando já não houver em ti que seja humano, Alegra-te, meu filho; então serás um Homem.

Poem "If", of Rudyard Kipling.

Version free from Felix Bermudas

If you can conserve your common sense and the calm,

In a world to be delirious, for who the lunatic is you;

If you can have faith in you, with all the force of the soul,

When nobody believes you; if you go starving and nude,

Treading without revolt a lonely direction;

If to the dense ignorance, to the black incomprehension

You can answer going up your Calvary.

With love tears and blessings of pardon;

If you can say well of who slanders you;

If you give tenderness in change to the that give you bitterness,

But without a saint's affectation that officiates,

Nor wise person pretensions to give love lessons;

If you can wait without tiring the hope;

To dream, but to conserve you above your dream;

To do an Arch of Alliance of the Thought,

Between the sparkle of the hell and the light of the smiling sky;

If you can face with same indifference,

The Victory and the Defeat - eternal impostors;

If you can see the Good occult badly in all events
And to resign, smiling, the love of your loves;

If you can resist to the rage or the shame

Of seeing to poison the sentences that you said

And that a rascal uses, stained of poison,

With false intentions that you never them of this;

If you can take a risk all yours you have

In a courageous throw, strange to the result,

And silencing in you even the sorrow of you lose,

Turns to walk the whole walked road;

If you can see for earth the works that you did,

Booed by denouncers, disorienting the people,

And without saying word, and without a rural word

You return to the beginning, to build again;

If you can force the heart and the muscles

To renew the effort, there is very hesitant,

When already in your body, drowned in twilights,

Only the Will exists to command "Forward!"

Or living among the kings preserves the humility;

If, living among the people, you are virtuous and noble,

If enemy or friend, the powerful and the poor

They are same for you, to the light of the Eternity;

If who counts with you finds more than he expects;

If you can use the sixty seconds

Of one minute that passes, in work of such sets up
That the minute overflows in fertile centuries;

Then, oh! exttraordinary being, the whole world is yours!

You already dominated the kings, the times and the spaces,

But, still for beyond, a new sun broke,

Opening an infinite to the direction of your steps;

Hovering in a sphere above this plane,

Without never fearing that the mistakes retake you,

When no longer there are in you that human being,

He cheers you, my son; then you will be a Man.

IF by Kipling

Enter content here

Enter content here

Enter content here

Enter supporting content here

Home | Doenças profissionais. Art. 24. Lei Complementar 073. (MA). | UEMA Maranhão State University | Processo GDR - Caxias 487/99 | Teacher | Agenda | Agenda 1 | Negritude e poder na Língua Árabe | Negritude e poder na Língua Chinesa | Negritude e poder na Língua Coreana | Negritude e poder na Língua Espanhola | Negritude e poder na Língua Hebraica | Negritude e poder na Língua Holandesa | Negritude e poder na Língua Italiana | Negritude e poder na Língua Japonesa | Negritude e poder na Língua Pérsica | Negritude e poder na Língua Polonesa | Negritude e poder na Língua Russa | Negritude e poder na Língua Turca | Negritude e poder na Língua Ucraniana | Negritude e poder na Língua Alemã. | Negritude e Poder em Francês. Noirceur et pouvoir. | Blackness and Power 2nd. edition | Words to visitor | Immediate Use Troops | Kipling | Song 2 | Ekaterina Polushina | November 2002 | Medical Ethics | Medical Expertise | Contact Me | Lawyer | Revenge Target: Pinochet | Perfil militar | Gilberto Freyre | National Shame | The fury of roman legions | Good and Evil Together | Negritude | Blackness and Power 7 | Blackness and Power 6 | Blackness and Power 5 | Blackness and Power 4 | Blackness and Power 3 | Blackness and Power 2 | Blackness and Power 1 | Partners, alert! | The third State | Tiranny | Moment of decision | The message of Ibirapuera | Globalization=Corruption | Operation "Itororó" | National crusade | Electoral Transformism | Argos e as faces | 09/20/88 Deputies Chamber | 1991 - Telegram Deputies Chamber | 06/26/92 Deputies Chamber | Proposta 03704 | Proposta 03707 | Proposta 03597 | Proposta 03226 | Proposta 03382 | Proposta 03389 | Proposta 03554 | 02/27/87 Senate | 04/03/89 Senate | Before December 1992 | Review Lessons | Old Home Page | Lições que ficaram | Política bancária | Propostas sobre política bancária | Fantasy | Military Song | Proposal # 03389 | Central Bank | Qualidade Total - Total Quality | Interpelações administrativas - Administrative interpellations. | Grande Oriente do Brasil - Great East of Brasil | Secretaria de Educação Municipal - General office of Municipal Education | Justiça do Trabalho - Justice of the Work | Razões do agravo de petição - Reasons of the petition offence | Essay Page | Requerimentos - Applications | 01/07/1985 | 08/06/1984 | Translations from "Requerimentos" | Translations 1 | Federal savings bank | Proposta 03845 | Proposta 03829 | Proposta 03828 | He alerts the youths!

Web Log On Line Diary Nehemias

Medical Ethics

Enter subhead content here

Relatório de Exame Médico-pericial

Dra. Adalgisa Ciarlini

Perita (Convênio Banco do Brasil/INSS)

Conselho Regional de Medicina do Piauí 1343

Nome do examinado: Nehemias Carneiro

Data de nascimento: 29 de junho de 1957

Idade: 40 anos

Estado civil: Casado

Sexo: Masculino

Cor: Parda

Naturalidade: Amparo SP

Identificação: 5981 - 456

Data de afastamento do trabalho: 01 de setembro de 1995.

Profissão (caracterizando o tipo de trabalho): Bancário

Tempo de profissão: 15 anos

Situação funcional:

Local de exame:

Teve benefício anterior? Sim

Causa do afastamento do trabalho: Alienação mental

DID: 01 de janeiro de 1985

DII: 01 de setembro de 1995

História da doença atual: Paciente portador de esquizofrenia paranóide, com constantes internações psiquiátricas e mau prognóstico.

Antecedentes pessoais: V.P.I.

Estado de nutrição e aspecto geral: Bons

Atitude: Cooperativa

Biotipo: Normolíneo

Altura: 1,68

Peso: 70

Temperatura: Afebril

Pulso radial: 76

Pressão arterial: 120/80
Exames realizados sem particularidades: Tecido celular subcutâneo - pele e fâneros; aparelho circulatório; aparelho respiratório; aparelho hemolinfopoético; aparelho digestivo; aparelho genito-urinário; aparelho osteo-articular ligamentoso; aparelho endócrino; sistema nervoso; órgãos dos sentidos; outros.

Exames realizados relatados abaixo:

(Relatório. Dados objetivos. Capacidade funcional. Estática e dinâmica.)

Paciente inquieto, conversando muito, tem idéias fixas. Em tratamento ambulatorial.

Requisições indispensáveis:

Diagnóstico provável (literal): Esquizofrenia paranóide

Código do diagnóstico: 29530

Considerações sobre a capacidade laborativa com base no exame médico-pericial:

Incapaz definitivamente para o trabalho. Sugiro limite indefinido.

Local, data, assinatura e carimbo do médico-perito:

Teresina PI, 30 de maio de 1997.

Dra. Adalgisa Ciarlini

Perito (Convênio Banco do Brasil/INSS)

Conselho Regional de Medicina do Piauí 1343

Cadastro de pessoas físicas 091.333.133-34

Jornal "O Dia"

Teresina, Piauí, 01 de setembro de 1993

O descompromisso com a lei orgânica

por Luciene Uchôa, da Editoria da cidade

As denúncias do vereador Wellington Dias (Partido dos trabalhadores) agravam-se com o descompromisso da Câmara em garantir que a Lei Orgânica de Teresina esteja realmente sendo cumprida, no caso das licenças a vereadores. O 43° artigo da Lei, em seu inciso 1, determina expressamente que o vereador poderá licenciar-se "por motivo de doença, devidamente comprovada por atestado assinado por médico do serviço público municipal ou por junta médica oficial". No entanto, dos sete atestados médicos protocolados na Câmara dos veradores na atual legislatura, apenas quatro foram concedidos por um profissional da Fundação Municipal de Saúde, como determina a lei.

Além do Dr. Áureo Neves, outros três médicos concederam atestados aos vereadores, sem pertencerem ao serviço municipal de saúde. O Dr. José Bezerra Batista concedeu atestado médico ao vereador Antonio Mariano Lobão Castelo Branco (Partido da Frente Liberal), licenciando-o por 62 dias; o Dr. Weidner Lima concedeu atestado a Marcos Silva (Partido do Movimento Democrático Brasileiro) para uma licença de 30 diaas e o Dr. Antônio de Pádua Pinheiro certificou que José Ferreira (Partido da Frente Liberal) precisaria de 40 dias de licença, para tratamento médico.

Todos os atestados foram protocolados na Câmara Municipal, sem que houvesse qualquer interesse em verificar a legalidade do documento. Um simples telefonema ao chefe de pessoal da Fundação Municipal de Saúde, Geovani Gomes - como fez a nossa reportagem - evidenciaria que as licenças concedidas a esses vereadores são ilegais, na medida em que baseiam-se em atestados médicos concedidos por profissionais que, conforme determina a Lei Orgânica Municipal, não poderiam fazê-lo.

O fato de um único médico da Fundação Municipal de Saúde ter sido procurado pelos vereadores que entraram em licença das suas atividades na Câmara, reforça a afirmação do presidente do Conselho Regional de Medicina, Noé Fortes. Fortes diz que está "havendo, na realidade, uma certa pressão dos políticos para que os médicos ofereçam o atestado, por amizade, interesse ou por concessão de algum benefício". Apesar do Conselho Regional de Medicina nunca ter recebido qualquer denúncia de pressão sobre os médicos, ele admite que "em rodas, onde nós conversamos, os médicos comentam que têm receio de serem prejudicados".

Por essa razão, o Conselho Regional de Medicina vai realizar um seminário sobre a ética do atestado médico, no próximo dia 30. A decisão de promover o seminário foi tomada a partir das denúncias do vereador Wellington Dias (Partido dos trabalhadores), que levou ao Conselho cópias dos atestados concedidos nessa legislatura e solicitou providências do órgão, enquanto fiscalizador da ética profissional.

Wellington contesta a posição do Conselho Regional de Medicina por não ter iniciado ainda o processo de investigação. "Que gestão é essa, que se diz "Pela Ética Médica e até agora não tomou qualquer atitude?"

O presidente do Conselho Regional de Medicina, contudo, explica que a primeira função do Conselho é educativa. "A gente não quer fazer qualquer coisa sem dar a eles (os médicos) conhecimento de que n´s vamos ter tal procedimento", afirma Noé Fortes. Segundo ele, após realizado o seminário, o Conselho Regional de Medicina vai iniciar o processo de investigação e apuração das denúncias contra os médicos, "para que todos tenham conhecimento de que não se pode usar um documento que tem fé pública para atender a interesses particulares".

Noé Fortes nega que haja algum tipo de intervenção corporativista no encaminhamento do processo, ressaltando que a função do Conselho Regional de Medicina é realmente de fiscalizar, mas, também de educar o profissional. Uma das dificuldades que ele aponta no processo investigativo é a necessidade do paciente ser examinado. "Para que eu possa contestar o atestado médico, eu tenho que examinar o paciente e, normalmente, ele não quer ser examinado por um médico que não seja o seu", diz, ressaltando que é um direito do paciente.

O presidente do Conselho Regional de Medicina observa que outra função do Conselho é a de defender o exercício profissional com dignidade. Ele alerta aos médicos que eles não devem ceder às pressões dos políticos, "porque se eles desenvolvem suas funções com responsabilidade nada poderá ser feito contra eles", finaliza Noé Fortes.

O Mandato dos atestados médicos sem ética

Por Sérgio Fontenele

Da Editoria de Política

As denúncias partem dos próprios membros da Câmara Municipal de Teresina. E no primeiro semestre o afastamento simultâneo de três vereadores através de licença médica chegou às manchetes dos jornais. Naquele momento, o líder do Partido Democrático Trabalhista, Reynaldo Koury, o vereador Renato Berger (Partido da Frente Liberal) e Ursulino Neto (PPR), que é médico, apresentaram atestados no plenário e sem qualquer averiguação, foram autorizados a ausentarem-se pela Mesa Diretora. Coincidentemente - talvez coincidência demais à lógica comum - todos faziam parte da mesma coligação. Em seus lugares assumiram ao mesmo tempo o primeiro suplente, Barros Júnior (Partido Democrático Trabalhista), Antonio José Lira (Partido da Frente Liberal), o segundo suplente, e Pedro Alcântara (Partido da Frente Liberal), o terceiro suplente da coligação "Fé na Mudança".

As primeiras referências sobre o expediente das licenças médicas graciosas foram registradas na legislatura passada, através do então líder do Partido dos trabalhadores, Antonio José Medeiros. Naquela época, o parlamentar petista não conseguiu mais do que acirrado debates em plenário, com vereadores - entre os quais, vários médicos - que, como agora, procuravam sustentar a honestidade de todos os inscritos no Conselho Regional de Medicina e, por isso, não subscreveriam atestdos falsos, o que é impossível. Nesta legislatura a questão foi revista por iniciativa do atual líder do Partido dos trabalhadores, Wellington Dias, que, foi até o Conselho Regional de Medicina, pediu providências e declarou publicamente que Renato Berger, por exemplo, enquanto licenciado de suas atividades como parlamentar, estava em plena atividade no processo de eleição da nova diretoria da Associação dos vereadores do Estado do Piauí, fato constatado publicamente. E nenhuma providência concreta foi tomada.

ILEGAL - O carrossel da Câmara Municipal não terminava por aí; muito pelo contrário. A impressão é a de que a engrenagem vai girar cada vez mais velozmente. Neste mês, outros quatro membros utilizaram o recurso da licença médica. Algumas dessas licenças, foram expedidas em circunstâncias ilegais, não previstas na Lei de Organização do Município de Teresina e Regimento Interno da Câmara. Valdinar Pereira (Partido Democrático

Trabalhista), José Ferreira (Partido da Frente Liberal), Antonio Mariano (Partido da Frente Liberal) e Marcos Silva (Partido do Movimento Democrático Brasileiro) eram substituídos pelos mesmos Pedro Alcântara, Barros Júnior e Antonio José Lira, além do primeiro suplente peemedebista, Paulo Cunha. Todas essas alterações praticamente simultâneas.

Novamente há muita coincidência no fato de que os quatro precisaram se afastar por motivos de saúde.

Como era esperado, a maioria dos parlamentares refutam as denúncias sobre licenças médicas graciosas. Mas, de forma contraditória, alguns defendem uma modificação dos critérios. "Um vereador que queira sair de licença por motivos de saúde, ele terá que pasar por uma junta médica oficial ou seja, uma junta médica ou do município ou do Estado ou uma junta médica federal", declarou o vereador Olésio Coutinho (PSDB), também médico e deixando transparecer a fragilidade do critério, previsto em lei, utilizado pela Câmara no sentido de conceder as licenças para os vereadores com problemas de saúde.

Outros parlamentares mais sinceros procuram a razão do problema nas condutas individuais. "Eu acredito que o vereador deveria ter consciência e não deveria pleitear, se é que as licenças são graciosas, um documento fraudulento", disse o presidente da Câmara, Edson Melo (PSDB). Para Melo, não há meios do presidente impedir as licenças graciosas: "Eu não sou médico e não tenho a competência ou atribuição de julgar essas licenças; se são graciosas, se são realmente verdadeiras". Diferentes aspectos também não podem deixar de ser considerados. No caso dos vereadores que se afastaram neste ano, não há conhecimento de que qualquer um tenha se internado num hospital, o que justificaria plenamente um atestado médico. Valdinar Pereira alegou um problema no tornozelo prejudicando-o em suas atividades de vereador, já que teria de subir e descer as escadas da Câmara.

Segundo ele, o médico o proibiu de caminhar muito. Apesar da suposta inapacidade para o trabalho legislativo, Valdinar Pereira continua tendendo diariamente em sua clínica, localizada na Rua Gabriel Ferreira, a partir das 18 horas.

Durante as tardes, cumpre duas horas de expediente no setor de dermatologia do Hospital Getúlio Vargas, como laboratorista.

Por outro lado, seu colega Nilson Cavalcante (Partido da Frente Liberal), que sofre de pressão alta e igualmente elevadas taxas de colesterol e triglicerídeos - conforme seu depoimento -, revela que sua intenção é continuar trabalhando na Câmara. "Estou fazendo tratamento para que realmente eu tente voltar a vida normal, sem que eu precise me ausentar, como já falei, do meu mandato. Porque aqui é um lugar para eu trabalhar."

PRESSÕES DO PARTIDO - Ao contrário da maioria dos colegas, o líder do Partido do Movimento Democrático Brasileiro, Deusdeth Nunes, fornece informações mais claras sobre o problema das licenças graciosas. Deusdeth Nunes admite que vem sendo pressionado pelo próprio partido para afastar-se de seu trabalho no plenário da Câmara. Mas, Deusdeth Nunes, também desconversa. Diz que nunca soube desse tipo de irregularidade. Segundo o líder do Partido do Movimento Democrático Brasileiro, apenas já ouvi falar das licenças graciosas através da imprensa. "Faz parte do folclore. Eu mesmo não sei". Deusdeth disse ainda que sente-se entre a cruz e a espada, pois enfrenta problemas familiares que não aceitam esse tipo de pressão partidária. De acordo com o vereador, está entre a orientação do partido e seus princípios morais e éticos...........

Report of Exam Doctor-Inspection

Dra. Adalgisa Ciarlini

Expert (Agreement Bank of Brasil/National Institute of Social welfare - WELFARE

DEPARTMENT) Regional Council of Medicine of Piauí 1343

Name of the examined: Nehemias Carneiro

Date of birth: June 29, 1957

Age: 40 years

Marital status: Married

Sex: Masculine

Color: Brown

Naturalness: Amparo SP

Identification: 5981 - 456

date from removal of the work: September 01, 1995.

Profession (characterizing the work type): Bank

Time of profession: 15 years

Functional situation:

Exam place:

Did he have previous benefit? Yes

It causes of the removal of the work: Mental alienation

DID: January 01, 1985

DII: September 01, 1995

History of the current disease: Patient bearer of schizophrenia paranóide, with constant psychiatric internments and bad prognostic.

Personal antecedents: V.P.I.

Nutrition state and general aspect: Good

Attitude: Cooperative

Biotipo: Normolíneo

Height: 1,68

Weight: 70

Temperature: No fever

I pulse radial: 76
Blood pressure: 120/80

Exams accomplished without particularities: Subcutaneous cellular fabric - it skins and fâneros; I equip circulatory; I equip breathing; apparel hemolinfopoético; digestive system; I equip genito-urinary; apparel to osteo-articulate ligamentoso; I equip endocrine; nervous system; organs of the senses; other.

Accomplished exams told below:

(Report. Data objectives. Functional capacity. Static and dynamics.)

Restless patient, talking a lot, he has fixed ideas. In treatment ambulatorial.

Indispensable requests:

Probable diagnosis (literal): Schizophrenia paranóide

Code of the diagnosis: 29530

Considerations on the capacity of working with base in the exam

doctor-inspection: Unable definitively for the work. I suggest indefinite limit.

Place, dates, signature and stamp of the doctor-expert:

Teresina PI, May 30, 1997.

Dra. Adalgisa Ciarlini

Expert (Agreement Bank of Brasil/National Institute of Social welfare - WELFARE

DEPARTMENT)

Regional Council of Medicine of Piauí 1343

Register of natural persons 091.333.133-34

Newspaper "THE Day"

Teresina, Piauí, September 01, 1993

The commitment lack with the organic act

by Luciene Uchôa, of the Section of the city

Alderman Wellington Dias' accusations (the workers' Party) they become worse with the commitment lack of the Chamber in guaranteeing that the Organic act of Teresina is being accomplished really, in the case of the licenses to aldermen. The 43° article of the Law, in it interpolated proposition 1, it determines expressly that the alderman can graduate "because of disease, properly proven for certificate signed by doctor of the municipal public service or for official medical team." However, of the seven certificates doctors recorded in the

Chamber of the alderman in the current legislature, only four were granted by a professional of the Municipal Foundation of Health, as it determines the law.

Besides the Dr. Áureo Neves, other three doctors granted certificates to the aldermen, without they belong to the municipal service of health. Dr. José Bezerra Batista granted certificate doctor to alderman Antonio Mariano Lobão Castelo Branco (Liberal front Party), licensing him for 62 days; Dr. Weidner Lima granted certificate to Marcos Silva (Party of the Brazilian Democratic Movement) for a license of 30 days and Pádua Pinheiro's Dr. Antonio certified that José Ferreira (Liberal front Party) he would need 40 days of license, for medical treatment.

All the certificates were recorded in the City hall, without there was any interest in verifying the legality of the document. A simple phone call to the head of personnel of the Municipal Foundation of Health, Geovani Gomes - as it made our report - it would evidence that the granted licenses the those aldermen are illegal, in the measure in that base on certificates doctors granted by professionals that, as it determines the Municipal Organic act, they could not make it.

An only doctor's of the Municipal Foundation of Health fact it was sought by the aldermen that entered in license of their activities in the Chamber, it reinforces the president's of Regional Council of Medicine statement, Noé Fortes. Noé Fortes says that it is "having, in the reality, a certain pressure of the politicians for the doctors to offer the certificate, for friendship, interest or for concession of some benefit." In spite of Regional Council of Medicine never to have received any pressure accusation on the doctors, he admits that "in wheels, where we talked, the doctors comment on that they have fear of they be prejudiced."

For that reason, Regional Council of Medicine will accomplish a seminar on the ethics of the medical certificate, in the next 30. The decision of promoting the seminar was made starting from alderman Wellington Dias' accusations (the workers' Party), that it took to the Council copies of the certificates granted in that legislature and he requested providences of the organ, whileinspector of the professional ethics.

Wellington answers the position of Regional Council of Medicine for still not having begun the investigation process. "What administration is that, that it is said "By the Medical Ethics and up to now it didn't take any attitude? "

The president of Regional Council of Medicine, however, it explains that the first function of Council is educational. "We don't want to do any thing without giving to them (the doctors) knowledge the knowing we will have such procedure", he affirms Noé Fortes. According to him, after having accomplished the seminar, Regional Council of Medicine will begin the investigation process and counting of the accusations against the doctors, "for all to have knowledge that he cannot use a document that has public faith to assist to private interests."

Noé Fortes denies that there is some type of body spirit intervention in the direction of the process, emphasizing that the function of Regional Council of Medicine is really of supervising, but, also of educating the professional. One of the difficulties that he appears in the investigating process is the patient's need to be examined. "So that I can answer the medical certificate, I have to examine the patient and, usually, he doesn't want to be examined by a doctor that is not his", he says, standing out that it is a right of the patient.

The president of Regional Council of Medicine observes that other function of Council is the one of defending the professional exercise with dignity. He alerts the doctors that they should not give in to the politicians' pressures, "because if they develop their functions with responsibility anything can be done against them", Noé Fortes concludes.

The Mandate of the medical certificates without ethics

By Sérgio Fontenele

Of the Section of Politics

The accusations leave of the own members of the City hall of Teresina. And in the first semester the three aldermen's simultaneous removal through medical license arrived to the headlines of the newspapers. On that moment, the leader of Labor Democratic Party, Reynaldo Koury, alderman Renato Berger (Liberal front Party) and Ursulino Neto (PPR), that it is doctor, they presented certificates in the plenary session and without any verification, they were authorized be absent by the Managing Table. Coincidentally - maybe coincidence too much to the common logic - all were part of the same coalition. In their places they assumed the first substitute at the same time, Barros Júnior (Labor Democratic Party), Antonio José Lira (Liberal front Party), the second substitute, and Pedro Alcântara (Liberal front Party), the third substitute of the coalition "Faith in the Change."

The first references on the file of the amusing medical licenses were registered in the last legislature, through the then leader of the workers' Party, Antonio José Medeiros. In that time, the parliamentarian "petista" didn't get more than intransigent debates in plenary session, with aldermen - among the ones which, several doctors - that, as now, they tried to sustain the honesty of all enrolled them in Regional Council of Medicine and, for that, they would not sign false certificates, what is impossible. In this legislature the subject was reviewed by the current leader's of the workers' Party initiative, Wellington Dias, that, it went until Regional Council of Medicine, he asked for providences and he declared openly that Renato Berger, for instance, while licentiate of their activities as parliamentary, it was in the middle of the activity in the process of election of the new management of the aldermen's of the State of Piauí Association, fact verified openly. And no concrete providence was taken.

ILLEGAL - THE carrousel of the City hall didn't finish thereabout; on the contrary. The impression is the that the gear will rotate more and more fast. On this month, other four members used the resource of the medical license. Some of those licenses, they were sent in illegal circumstances, no foreseen in the Law of Organization of the Municipal district of Teresina and Internal Regiment of the Chamber. Valdinar Pereira (Labor Democratic Party), José Ferreira (Liberal front Party), Antonio Mariano (Liberal front Party) and Marcos Silva (Party of the Brazilian Democratic Movement) they were substituted by same Pedro Alcântara, Barros Júnior and Antonio José Lira, besides the first substitute "peemedebista", Paulo Cunha. All those alterations practically simultaneous.

Again there is a lot of coincidence in the fact that the four needed to stand back because of health.

As it was waited, most of the parliamentarians refutes the accusations on amusing medical licenses. But, in a contradictory way, some defend a modification of the criteria. "An alderman that wants to leave of license because of health, he will have that pass by an official medical team or be, a medical team or of the municipal district or of the State or a federal medical team", he declared alderman Olésio Coutinho (PSDB), also doctor and letting the fragility of the criterion to appear, foreseen in law, used by the Chamber in the sense of granting the licenses for the aldermen with problems of health.

Other more sincere parliamentarians seek the reason of the problem in the individual conducts. "I believe that the alderman should be aware and it should not plead, if it is that the licenses are amusing, a fraudulent document", the president of the Chamber, Edson Melo said (PSDB). For Melo, there are no means of the president to impede the amusing licenses: "I am not doctor and I don't have the competence or attribution of judging those licenses; if they are amusing, if healthy really true." Different aspects cannot also leave of being considered. In the aldermen's case that they stood back on this year, there is no knowledge that any one has been interned at a hospital, what would justify a medical certificate fully. Valdinar Pereira alleged a problem in the ankle harming him in their alderman activities, since he would have to arise and to go down the stairways of the Chamber.

According to him, the doctor prohibited himt of walking a lot. In spite of the supposed incapacity for the legislative work, Valdinar Pereira continues tending daily at his clinic, located in the Gabriel Ferreira Street, starting from 18 o'clock.

During the afternoons, it accomplishes two hours of file in the section of dermatology of the Hospital Getúlio Vargas, as laboratory worker.

On the other hand, his friend Nilson Cavalcante (Liberal front Party), that it suffers of high pressure and equally high cholesterol taxes and "triglicerídeos" - according to his deposition -, he reveals that his intention is to continue working in the Chamber. I am making treatment so that really I try to return the normal life, without I need to be absent, as I already spoke, of my mandate. Because here it is a place for me to work."

PRESSURES OF THE PARTY - unlike most of the friends, the leader of Party of the Brazilian Democratic Movement, Deusdeth Nunes, supplies clearer information on the problem of the amusing licenses. Deusdeth Nunes admits that it has been pressed by the own party to stand back of his work in the plenary session of the Chamber. But, Deusdeth Nunes, also changes the subject. He says that he never knew about that irregularity type. According to the leader of Party of the Brazilian Democratic Movement, he just already heard to speak of the amusing licenses through the press. It is "part of the folklore. I don't know." Deusdeth said although he sits down between the cross and the sword, because he faces family problems that don't accept that type of supporting pressure. In agreement with the alderman, it is between the orientation of the party and their moral and ethical principles..........

Enter content here

Enter content here

Enter content here

Enter supporting content here

Last updated on sexta-feira, 30 de maio de 2008 20:32:50

Home | Doenças profissionais. Art. 24. Lei Complementar 073. (MA). | UEMA Maranhão State University | Processo GDR - Caxias 487/99 | Teacher | Agenda | Agenda 1 | Negritude e poder na Língua Árabe | Negritude e poder na Língua Chinesa | Negritude e poder na Língua Coreana | Negritude e poder na Língua Espanhola | Negritude e poder na Língua Hebraica | Negritude e poder na Língua Holandesa | Negritude e poder na Língua Italiana | Negritude e poder na Língua Japonesa | Negritude e poder na Língua Pérsica | Negritude e poder na Língua Polonesa | Negritude e poder na Língua Russa | Negritude e poder na Língua Turca | Negritude e poder na Língua Ucraniana | Negritude e poder na Língua Alemã. | Negritude e Poder em Francês. Noirceur et pouvoir. | Blackness and Power 2nd. edition | Words to visitor | Immediate Use Troops | Kipling | Song 2 | Ekaterina Polushina | November 2002 | Medical Ethics | Medical Expertise | Contact Me | Lawyer | Revenge Target: Pinochet | Perfil militar | Gilberto Freyre | National Shame | The fury of roman legions | Good and Evil Together | Negritude | Blackness and Power 7 | Blackness and Power 6 | Blackness and Power 5 | Blackness and Power 4 | Blackness and Power 3 | Blackness and Power 2 | Blackness and Power 1 | Partners, alert! | The third State | Tiranny | Moment of decision | The message of Ibirapuera | Globalization=Corruption | Operation "Itororó" | National crusade | Electoral Transformism | Argos e as faces | 09/20/88 Deputies Chamber | 1991 - Telegram Deputies Chamber | 06/26/92 Deputies Chamber | Proposta 03704 | Proposta 03707 | Proposta 03597 | Proposta 03226 | Proposta 03382 | Proposta 03389 | Proposta 03554 | 02/27/87 Senate | 04/03/89 Senate | Before December 1992 | Review Lessons | Old Home Page | Lições que ficaram | Política bancária | Propostas sobre política bancária | Fantasy | Military Song | Proposal # 03389 | Central Bank | Qualidade Total - Total Quality | Interpelações administrativas - Administrative interpellations. | Grande Oriente do Brasil - Great East of Brasil | Secretaria de Educação Municipal - General office of Municipal Education | Justiça do Trabalho - Justice of the Work | Razões do agravo de petição - Reasons of the petition offence | Essay Page | Requerimentos - Applications | 01/07/1985 | 08/06/1984 | Translations from "Requerimentos" | Translations 1 | Federal savings bank | Proposta 03845 | Proposta 03829 | Proposta 03828 | He alerts the youths!

Web Log On Line Diary Nehemias

Medical Expertise

Enter subhead content here

Caxias (MA), August 15, 2002.

Medical expertise of the State of Maranhão
Street of the Egypt (Close to the Legislative Assembly)

Center

São Luís (MA)

Mr. Doctor,

Still my boy mother gave "maracujá" fruit juice at night to sleep. I don't hear voices of the deads, either I have visions of grieved souls. I just find the existence widespread prejudice for the facts of me to have past in national contest for entrance in the Preparatory School of Cadets of the Army in 1972, School of Engineering of Maranhão in 1975 (it would Civil Engineer), Federal University of Maranhão in 1976 (full Degree in Physics), Federal University of Piauí in 1980 (full Degree in Sciences of the Nature), I compete for entrance in the Bank of Brazil in 1979 (Teresina, PI), and still to be corresponding of the newspaper "Shoulder to shoulder", published in Rio de Janeiro; and "homepages" author.

I direct you protocols Regional Management of Caxias n°. 1298/02, 05.06.02, license extension for treatment of health; n° 2605, of 28.09.00, license for treatment of health; n° 487/99, of 10.05.99, extension of the license of the process GDH-DRE/CX n° 092/99; copy of medical Certificate by Dr. Adelman N. C. Júnior, São Luís; copy of medical Certificate by Dr. Francisco Airton Bezerra, Caxias; copy of medical Certificate by Dr. Claudionor Lobão Borges, São Luís; copy of ownership Term in the State University of Maranhão (UEMA); registration voucher in the Mathematical discipline in contest of UEMA; registration voucher in the discipline analytical Geometry in contest of UEMA; copy of ownership Term in the General office of State of the Education; copy of Declaration that supplied the English discipline in the Center of Teaching of 2° Grade "Aluisio Azevedo"; copy of First Certificate in English; letter of introduction copy for the night shift; copy of leaf enclosure of the entrance n° 421, of 03.07.96; Report doctor's copy by Dr. Alvacir Ferreira Marques, in 13.01.99, and for Dr. Antonio Luiz Assunção; copy n° 166, March of 2002, of the newspaper "Shoulder to shoulder"; copy of the page
http://user1291458.sites.myregisteredsite.com/weblogonlinediarynehemias /.

Caxias (MA), 15 de agosto de 2002.

Perícia Médica do Estado do Maranhão

Rua do Egito (Próximo à Assembléia Legislativa)

Centro

São Luís (MA)

Sr. Doutor,

Ainda menino minha mãe dava-me suco de maracujá à noite para dormir. Não ouço vozes dos mortos, tampouco tenho visões de almas penadas. Acho apenas a existência de generalizado preconceito pelos fatos de eu ter passado em concurso nacional para ingresso na Escola Preparatória de Cadetes do Exército em 1972, Escola de Engenharia do Maranhão em 1975 (Engenharia Civil), Universidade Federal do Maranhão em 1976 (Licenciatura plena em Física), Universidade Federal do Piauí em 1980 (Licenciatura plena em Ciências da Natureza), concurso para ingresso no Banco do Brasil em 1979 (Teresina, PI), e ainda ser correspondente do jornal "Ombro a ombro", publicado no Rio de Janeiro; e autor de "homepages".

Encaminho-lhe protocolos Gerência Regional de Caxias nº 1298/02, de 05.06.02, prorrogação de licença para tratamento de saúde; nº 2605, de 28.09.00, licença para tratamento de saúde; nº 487/99, de 10.05.99, prorrogação da licença do processo GDH-DRE/CX nº 092/99; cópia de Atestado médico firmado por Dr. Adelman N. C. Júnior, São Luís; cópia de Atestado médico firmado por Dr. Francisco Airton Bezerra, Caxias; cópia de Atestado médico firmado por Dr. Claudionor Lobão Borges, São Luís; cópia de Termo de posse na Universidade Estadual do Maranhao (UEMA); comprovante de inscrição na disciplina Matemática em concurso da UEMA; comprovante de inscrição na disciplina Geometria analítica em concurso da UEMA; cópia de Termo de posse na Secretaria de Estado da Educação; cópia de Declaração que ministrou a disciplina Inglês no Centro de Ensino de 2º Grau "Aluisio Azevedo"; cópia do First Certificate in English; cópia de carta de apresentação para o turno noturno; cópia de folha anexo da portaria nº 421, de 03.07.96; cópia de Relatório médico firmado por Dr. Alvacir Ferreira Marques, em 13.01.99, e por Dr. Antonio Luiz Assunção; exemplar nº 166, Março de 2002, do jornal "Ombro a ombro"; cópia da página http://user1291458.sites.myregisteredsite.com/weblogonlinediarynehemias/.

Nehemias Carneiro

Rua São José, 409. Ponte.

65609-480 - Caxias MA

Caxias (MA), 31 de agosto de 2002.

Dr. Hamilton Raposo M. Filho

Av. Mal. Castelo Branco, 559. Sala 104.
São Luís (MA)

Sr. Doutor,

Através do novo catálogo telefônico da Telemar obtive seu endereço. A razão de eu estar escrevendo-lhe uma carta é a especialização perícia psiquiátrica e eu precisar de uma argumentação médica que me seja favorável, para que a apresente à Perícia Médica do Estado do Maranhão. Não tenho encontrado apoio para retornar a atividades discentes no Centro de Ensino Superior de Caxias, embora tenha sido aprovado, em 1995, em duas bancas examinadoras, e no Centro de Ensino de 2° Grau "Aluísio Azevedo".

Em relação ao 2° grau, cheguei a falar com a Sub-gerente Regional de Caxias, Dra. Lurdes Itapary, em março de 2002, que me respondeu que havia consultado a Gerente de Educação, Ângela, e esta lhe respondera que eu não estava dando aulas "por ter problemas". Lúcia até sugeriu lotar-me na Secretaria de Saúde;

Em relação ao ensino superior, dei entrada em um requerimento solicitando a interrupção da licença-saúde, e retorno ao trabalho, em fevereiro de 2002, sem qualquer resposta até esta data.

Ainda menino minha mãe dava-me suco de maracujá à noite para dormir. Não ouço vozes dos mortos, tampouco tenho visões de almas penadas. Acho apenas a existência de generalizado preconceito pelos fatos de eu ter passado em concurso nacional para ingresso na Escola Preparatória de Cadetes do Exército em 1972, Escola de Engenharia do Maranhão em 1975 (Engenharia Civil), Universidade Federal do Maranhão em 1976 (Licenciatura plena em Física), Universidade Federal do Piauí em 1980 (Licenciatura plena em Ciências da Natureza), concurso para ingresso no Banco do Brasil em 1979 (Teresina, PI), aprovado nas disciplinas Matemática aplicada e Análise matemática, em duas bancas distintas em 1995, para ingresso na Universidade Estadual do Maranhão, correspondente do jornal "Ombro a ombro", publicado no Rio de Janeiro; e autor de "homepages".

Sou requerente nos processos de protocolos Gerência Regional de Caxias nº 1298/02, de 05.06.02, prorrogação de licença para tratamento de saúde; nº 2605, de 28.09.00, licença para tratamento de saúde; nº 487/99, de 10.05.99, prorrogação da licença do processo GDH-DRE/CX nº 092/99; fui examinado por Dr. Adelman N. C. Júnior, São Luís, com aprovação; fui examinado por Dr. Francisco Airton Bezerra, Caxias, com aprovação; fui examinado por Dr. Claudionor Lobão Borges, São Luís, com aprovação; tomei posse na Universidade Estadual do Maranhao (UEMA); inscrevi-me na disciplina Matemática em concurso da UEMA (horário da realização da prova coincidiu com Matemática aplicada); inscrevi-me na disciplina Geometria analítica em concurso da UEMA (horário da prova coincidiu com Análise matemática); tomei posse na Secretaria de Estado da Educação na disciplina Matemática; ministrei a disciplina Inglês no Centro de Ensino de 2º Grau "Aluisio Azevedo"; sou detentor do First Certificate in English; fui apresentado pela Secretaria de Educação para o turno noturno; saí na folha anexo da portaria nº 421, de 03.07.96, no Diário Oficial do Estado; tendo sido examinado por Dr. Alvacir Ferreira Marques, em 13.01.99, com reprovação; correspondente no Maranhão do jornal "Ombro a ombro"; autor da página http://user1291458.sites.myregisteredsite.com/weblogonlinediarynehemias/.

Nehemias Carneiro

Rua São José, 409. Ponte.

65609-480 - Caxias MA

Caxias (MA), August 31, 2002.

Dr. Hamilton Raposo M. Filho

Av. Marechal Castelo Branco, 559. Room 104.

São Luís (MA)

Mr. Doctor,

Through the new phone catalog of Telemar I obtained your address. The reason of me to be writing you a letter it is the specialization psychiatric expertise and I to need of a medical argument that is favorable, for it introduces it to the Medical Expertise of the State of Maranhão. I have not been finding support to return to teaching activities in the Center of Higher education of Caxias, although I have been approved, in 1995, in two examining boards, and in the Center of Teaching of 2° Grade "Aluísio Azevedo."

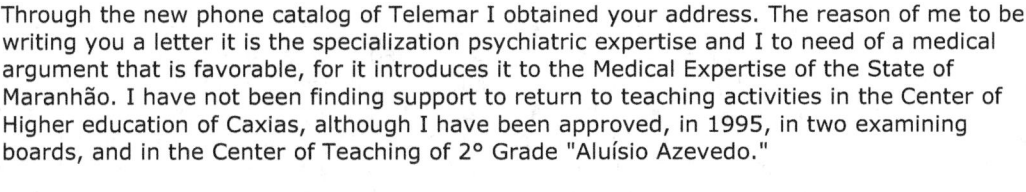

In relation to the 2° degree, I got to speak with the Regional Sub-manager of Caxias, Dra. Lurdes Itapary, in March of 2002, she answered me that it had consulted the Manager of Education, Ângela, and this she had answered her that I was not giving classes "for having problems." Lúcia even she suggested to locate me in the General office of Health;

In relation to the higher education, I gave entrance in an application requesting the interruption of the license-health, and return to the work, in February of 2002, without any answer until this date.

Still my boy mother felt "maracujá" fruit juice at night to sleep. I don't hear voices of the deads, neither I have visions of grieved souls. I just find the existence widespread prejudice for the facts of me to have passed in national contest for entrance in the Preparatory School of Cadets of the Army in 1972, School of Engineering of Maranhão in 1975 (it was Civil Engineer), Federal University of Maranhão in 1976 (full Degree in Physics), Federal University of Piauí in 1980 (full Degree in Sciences of the Nature), I compete for entrance in the Bank of Brazil in 1979 (Teresina, PI), approved in the disciplines applied Mathematics and mathematical Analysis, in two different newsstands in 1995, for entrance in the State University of Maranhão, corresponding of the newspaper "Shoulder to shoulder", published in Rio de Janeiro; and "homepages" author.

I am petitioning in the processes of protocols Regional Management of Caxias no. 1298/02, 05.06.02, license extension for treatment of health; n° 2605, of 28.09.00, license for treatment of health; n° 487/99, of 10.05.99, extension of the license of the process GDH-DRE/CX n° 092/99; I was examined by Dr. Adelman N. C. Júnior, São Luís, with approval; I was examined by Dr. Francisco Airton Bezerra, Caxias, with approval; I was examined by Dr. Claudionor Lobão Borges, São Luís, with approval; I took ownership in the State University of Maranhão (UEMA); I enrolled in the Mathematical discipline in contest of UEMA (schedule of the accomplishment of the proof coincided with applied Mathematics); I enrolled in the discipline analytical Geometry in contest of UEMA (schedule of the proof coincided with mathematical Analysis); I took ownership in the General office of State of the Education in the Mathematical discipline; I supplied the English discipline in the Center of Teaching of 2° Grau "Aluisio Azevedo"; I am holder of First Certificate in English; I was presented by the General office of Education for the night shift; I was in the leaf enclosure of the entrance n° 421, of 03.07.96, in the Official Diary of the State; having been examined by Dr. Alvacir Ferreira Marques, in 13.01.99, with disapproval; corresponding in Maranhão of the newspaper "Shoulder to shoulder"; author of the page http://user1291458.sites.myregisteredsite.com/weblogonlinediarynehemias /.

Nehemias Carneiro

Street São José, 409. Ponte.

65609-480 - Caxias MA

Caxias (MA), 24 de setembro de 2002.

Perícia Médica do Estado do Maranhão

Rua do Egito, 196

Centro

65010 - 190 São Luís (MA)

Senhores Doutores,

A razão de eu estar escrevendo-lhe uma carta é que eu preciso de uma argumentação médica que me seja favorável, ou uma contestação médica da sintomatologia observada pelo Médico Psiquiatra de Caxias, a saber: Humor lábil, ambivalência afetiva, manifestações alucinatório-delirantes de cunho persecutório, ruminações obsessivas, solilóquios, conduta bizarra, insônia.

Não tenho encontrado apoio para retornar a atividades discentes no Centro de Estudos Superiores de Caxias, embora tenha sido aprovado, em 1995, em duas bancas examinadoras, e no Centro de Ensino de 2º Grau "Aluísio Azevedo".

Em relação ao 2º grau, cheguei a falar com a Sub-gerente Regional de Caxias, Dra. Lurdes Itapary, em março de 2002, que me respondeu que havia consultado a Gerente de Educação, Ângela, e esta lhe respondera que eu não estava dando aulas "por ter problemas". Lúcia até sugeriu lotar-me na Secretaria de Saúde;

Em relação ao ensino superior, dei entrada em um requerimento solicitando a interrupção da licença-saúde, e retorno ao trabalho, em fevereiro de 2002, sem qualquer resposta até esta data.

Ainda menino minha mãe dava-me suco de maracujá à noite para dormir. Não ouço vozes dos mortos, tampouco tenho visões de almas penadas. Acho apenas a existência de generalizado preconceito pelos fatos de eu ter passado em concurso nacional para ingresso na Escola Preparatória de Cadetes do Exército em 1972, Escola de Engenharia do Maranhão em 1975 (Engenharia Civil), Universidade Federal do Maranhão em 1976 (Licenciatura plena em Física), Universidade Federal do Piauí em 1980 (Licenciatura plena em Ciências da Natureza), concurso para ingresso no Banco do Brasil em 1979 (Teresina, PI), aprovado nas disciplinas Matemática aplicada e Análise matemática, em duas bancas distintas em 1995, para ingresso na Universidade Estadual do Maranhão (Diário Oficial do Estado Executivo Ano LXL nº 014, de 19.01.96, pág. 9), correspondente do jornal "Ombro a ombro", publicado no Rio de Janeiro; e autor de "homepages".

Sou requerente nos processos de protocolos Gerência Regional de Caxias nº 1298/02, de 05.06.02, prorrogação de licença para tratamento de saúde; nº 2605, de 28.09.00, licença para tratamento de saúde; nº 487/99, de 10.05.99, prorrogação da licença do processo GDH-DRE/CX nº 092/99; fui examinado por Dr. Adelman N. C. Júnior, São Luís, com aprovação; fui examinado por Dr. Francisco Airton Bezerra, Caxias, com aprovação; fui examinado por Dr. Claudionor Lobão Borges, São Luís, com aprovação; tomei posse na Universidade Estadual do Maranhao (UEMA); inscrevi-me na disciplina Matemática em concurso da UEMA (horário da realização da prova coincidiu com Matemática aplicada); inscrevi-me na disciplina Geometria analítica em concurso da UEMA (horário da prova coincidiu com Análise matemática); tomei posse na Secretaria de Estado da Educação na disciplina Matemática; ministrei a disciplina Inglês no Centro de Ensino de 2º Grau "Aluisio Azevedo"; sou detentor do First Certificate in English; fui apresentado pela Secretaria de Educação para o turno noturno; saí na folha anexo da portaria nº 421, de 03.07.96, no Diário Oficial do Estado; tendo sido examinado por Dr. Alvacir Ferreira Marques, em 13.01.99, com reprovação; correspondente no Maranhão do jornal "Ombro a ombro"; autor das páginas http://user1291458.sites.myregisteredsite.com/weblogonlinediarynehemias/ e http://nehemias.blogspot.com/

Nehemias Carneiro

Rua São José, 409. Ponte.

65609-480 - Caxias MA

Caxias (MA), September 24, 2002.

Medical expertise of the State of Maranhão

Street of the Egypt, 196

Center

65010 - 190 São Luís (MA)

Gentlemen Doctors,

The reason of me to be writing you a letter it is that I need a medical argument to be favorable, or a medical reply of the symptoms observed by the Doctor Psychiatric of Caxias, to know: Unstable humor, affectionate ambivalence, hallucinatory-delirious manifestations of persecution stamp, obsessive ruminations, soliloquies, bizarre conduct, insomnia.

I have not been finding support to return to teaching activities in the Center of Superior Studies of Caxias, although it has been approved, in 1995, in two examining boards, and in the Center of Teaching of 2° Grau "Aluísio Azevedo."

In relation to the 2° degree, I got to speak with the Regional Sub-manager of Caxias, Dra. Lurdes Itapary, in March of 2002, that she answered me that it had consulted the Manager of Education, Ângela, and this she had answered her that I was not giving classes "for having problems." Lúcia even suggested to fill me in the General office of Health;

In relation to the higher education, I gave entrance in an application requesting the interruption of the license-health, and return to the work, in February of 2002, without any answer until this date.

Still I was a boy mother gave me Maracuja fruit juice at night to sleep. I don't hear voices of the deads, neither I have visions of grieved souls. I just find the existence widespread prejudice for the facts of me to have passed in national contest for entrance in the

Preparatory School of Cadets of the Army in 1972, School of Engineering of Maranhão in 1975 (it was Civil Engineer), Federal University of Maranhão in 1976 (full Degree in Physics), Federal University of Piauí in 1980 (full Degree in Sciences of the Nature), I compete for entrance in the Bank of Brazil in 1979 (Teresina, PI), approved in the disciplines applied Mathematics and mathematical Analysis, in two different newsstands in 1995, for entrance in the State University of Maranhão (Official Diary of the State Executive Year LXL n° 014, 19.01.96, p. 9), corresponding of the newspaper "Shoulder to shoulder", published in Rio de Janeiro; and "homepages" author.

I am petitioning in the processes of protocols Regional Management of Caxias no. 1298/02, 05.06.02, license extension for treatment of health; n° 2605, of 28.09.00, license for treatment of health; n° 487/99, of 10.05.99, extension of the license of the process GDH-DRE/CX n° 092/99; I was examined by Dr. Adelman N. C. Júnior, São Luís, with approval; I was examined by Dr. Francisco Airton Bezerra, Caxias, with approval; I was examined by Dr. Claudionor Lobão Borges, São Luís, with approval; I took place in the State University of Maranhão (UEMA); I enrolled in the Mathematical discipline in contest of UEMA (schedule of the accomplishment of the exam coincided with applied Mathematics); I enrolled in the discipline analytical Geometry in contest of UEMA (schedule of the exam coincided with mathematical Analysis); I took place in the General office of State of the Education in the Mathematical discipline; I taught the English discipline in the Center of Teaching of 2° Grau "Aluisio Azevedo"; I am holder of First Certificate in English; I was presented by the General office of Education for the night shift; I was mentioned in the leaf enclosure of the entrance n° 421, of 03.07.96, in the Official Diary of the State; having been examined by Dr. Alvacir Ferreira Marques, in 13.01.99, with disapproval; corresponding in Maranhão of the newspaper "Shoulder to shoulder"; author of the pages http://user1291458.sites.myregisteredsite.com/weblogonlinediarynehemias / and http://nehemias.blogspot.com

Nehemias Carneiro

Street São José, 409. Ponte.

65609-480 - Caxias MA

Topic Overview

Cause

Symptoms

What Happens

What Increases Your Risk

When to Call a Doctor

Exams and Tests

Treatment Overview

Prevention

Home Treatment

Medications

Surgery

Other Treatment

Other Places to Get Help

References
Credits

Schizophrenia

Topic Overview

Schizophrenia is a severe brain disorder that causes chronic mental health and cognitive development problems. Schizophrenia is often disabling and can profoundly affect all aspects of a person's life. It may interfere with the ability to think clearly, manage emotions, and interact with other people. The onset of schizophrenia usually occurs in adolescence or early adulthood. Symptoms can appear suddenly or may appear gradually, in which case the illness may not be recognized until it is in an advanced stage.

Schizophrenia affects almost 1% of the general population, meaning 1 out of every 100 people will develop it.1, 2 Schizophrenia causes two groups of symptoms, which are referred to as negative symptoms and positive symptoms (psychosis):

* Negative symptoms

o Poor motivation or apathy

o Self-neglect, including physical neglect (such as not bathing)

o Reduced or inappropriate emotion, such as showing no emotion at all or becoming angry with strangers

* Positive symptoms

o Delusions

o Hallucinations, usually hearing voices

o Confused or disorganized speech or thoughts

Negative symptoms usually appear first and may be confused with depression. As the disorder progresses, it can be confused with other mental health problems such as manic episodes, substance abuse problems, or psychotic depression.3

Several types of schizophrenia exist, but the most common type is paranoid schizophrenia. People with paranoid schizophrenia have frightening thoughts and hear threatening voices.

The cause of schizophrenia is not known. It is possible that it may be passed down in families. It may also be related to problems experienced during pregnancy that can damage a baby's developing nervous system (such as malnutrition or being exposed to a virus). There may be problems with the way the brain develops before birth, which can cause changes to neurotransmitter systems and the way they function.4

Although there are currently no laboratory tests to confirm the presence of schizophrenia, several mental health exams and physical tests can be done to help diagnose schizophrenia or other schizophrenia spectrum disorders and rule out other conditions with similar symptoms.

While there is no known cure for schizophrenia, current research to identify the cause and develop better medications with less side effects is promising. Symptoms may be reduced or prevented with medications (such as antipsychotics) along with other treatments such as professional counseling. Unfortunately, some people with schizophrenia do not seek treatment for their condition, or they stop treatment too soon.

People with schizophrenia have an increased risk for suicide—1 in 10 people with this disorder commits suicide—so continuous treatment is important. They are also more likely to develop other social and physical conditions as a result of having schizophrenia.

Schizophrenia affects the entire family. It can be devastating to watch a family member who was once happily planning the future develop symptoms of confusion and paranoia. Family members often have very important roles in the lives and treatment of a person with schizophrenia. They may also need to seek treatment to help them cope with the demands of the illness and the loss they may feel.

Schizophrenia is not multiple personality disorder or split personality.

Classification

Who is affected

Extracted from http://my.webmd.com/encyclopedia/article/1835.50483

Caxias (MA), 14 de outubro de 2002.

Conselho Regional de Medicina

Rua da Consolação, 753. Consolação

01301-910 São Paulo SP

Senhores Doutores,

Gostaria de consultar Vossas Senhorias acerca da conveniência de eu procurar médico especialista em Medicina do Trabalho , para manifestação acerca da capacidade laborativa.

A razão de eu estar escrevendo-lhe uma carta é que eu preciso de uma argumentação médica que me seja favorável, ou uma contestação médica da sintomatologia observada pelo Médico Psiquiatra de Caxias, a saber: Humor lábil, ambivalência afetiva, manifestações alucinatório-delirantes de cunho persecutório, ruminações obsessivas, solilóquios, conduta bizarra, insônia.

Não tenho encontrado apoio para retornar a atividades discentes no Centro de Estudos Superiores de Caxias, embora tenha sido aprovado, em 1995, em duas bancas examinadoras, e no Centro de Ensino de 2° Grau "Aluísio Azevedo".

Em relação ao 2° grau, cheguei a falar com a Sub-gerente Regional de Caxias, Dra. Lurdes Itapary, em março de 2002, que me respondeu que havia consultado a Gerente de Educação, Ângela, e esta lhe respondera que eu não estava dando aulas "por ter problemas". Lúcia até sugeriu lotar-me na Secretaria de Saúde;

Em relação ao ensino superior, dei entrada em um requerimento solicitando a interrupção da licença-saúde, e retorno ao trabalho, em fevereiro de 2002, sem qualquer resposta até esta data.

Ainda menino minha mãe dava-me suco de maracujá à noite para dormir. Não ouço vozes dos mortos, tampouco tenho visões de almas penadas. Acho apenas a existência de generalizado preconceito pelos fatos de eu ter passado em concurso nacional para ingresso na Escola Preparatória de Cadetes do Exército em 1972, Escola de Engenharia do Maranhão em 1975 (Engenharia Civil), Universidade Federal do Maranhão em 1976 (Licenciatura plena em Física), Universidade Federal do Piauí em 1980 (Licenciatura plena em Ciências da Natureza), concurso para ingresso no Banco do Brasil em 1979 (Teresina, PI), aprovado nas disciplinas Matemática aplicada e Análise matemática, em duas bancas distintas em 1995, para ingresso na Universidade Estadual do Maranhão (Diário Oficial do Estado Executivo Ano LXL nº 014, de 19.01.96, pág. 9), correspondente do jornal "Ombro a ombro", publicado no Rio de Janeiro; e autor de "homepages".

Sou requerente nos processos de protocolos Gerência Regional de Caxias nº 1298/02, de 05.06.02, prorrogação de licença para tratamento de saúde; nº 2605, de 28.09.00, licença para tratamento de saúde; nº 487/99, de 10.05.99, prorrogação da licença do processo GDH-DRE/CX nº 092/99; fui examinado por Dr. Adelman N. C. Júnior, São Luís, com aprovação; fui examinado por Dr. Francisco Airton Bezerra, Caxias, com aprovação; fui examinado por Dr. Claudionor Lobão Borges, São Luís, com aprovação; tomei posse na Universidade Estadual do Maranhao (UEMA); inscrevi-me na disciplina Matemática em concurso da UEMA (horário da realização da prova coincidiu com Matemática aplicada); inscrevi-me na disciplina Geometria analítica em concurso da UEMA (horário da prova coincidiu com Análise matemática); tomei posse na Secretaria de Estado da Educação na disciplina Matemática; ministrei a disciplina Inglês no Centro de Ensino de 2º Grau "Aluisio Azevedo"; sou detentor do First Certificate in English; fui apresentado pela Secretaria de Educação para o turno noturno; saí na folha anexo da portaria nº 421, de 03.07.96, no Diário Oficial do Estado; tendo sido examinado por Dr. Alvacir Ferreira Marques, em 13.01.99, com reprovação; correspondente no Maranhão do jornal "Ombro a ombro"; autor das páginas http://user1291458.sites.myregisteredsite.com/weblogonlinediarynehemias/ e http://nehemias.blogspot.com/

Nehemias Carneiro

Rua São José, 409. Ponte.

65609-480 - Caxias MA

Caxias (MA), 14 de outubro de 2002.

Exmo. Governador do Estado do Maranhão

Palácio Henrique de La

Av. Jerônimo de Albuquerque s/nº

Calhau
65.051-200 São Luís (MA)

Senhor Governador,

Venho à presença de Vossa Excelência solicitar que me coloque à disposição da Universidade Estadual do Maranhão, originado do turno noturno, Centro de Ensino de 2º Grau "Aluisio Azevedo".

A razão de eu estar escrevendo-lhe uma carta é que eu preciso de uma argumentação médica que me seja favorável, ou uma contestação médica da sintomatologia observada pelo Médico Psiquiatra de Caxias, a saber: Humor lábil, ambivalência afetiva, manifestações alucinatório-delirantes de cunho persecutório, ruminações obsessivas, solilóquios, conduta bizarra, insônia.

Não tenho encontrado apoio para retornar a atividades discentes no Centro de Estudos Superiores de Caxias, embora tenha sido aprovado, em 1995, em duas bancas examinadoras, e no Centro de Ensino de 2º Grau "Aluísio Azevedo".

Em relação ao 2º grau, cheguei a falar com a Sub-gerente Regional de Caxias, Dra. Lurdes Itapary, em março de 2002, que me respondeu que havia consultado a Gerente de Educação, Ângela, e esta lhe respondera que eu não estava dando aulas "por ter problemas". Lúcia até sugeriu lotar-me na Secretaria de Saúde;

Em relação ao ensino superior, dei entrada em um requerimento solicitando a interrupção da licença-saúde, e retorno ao trabalho, em fevereiro de 2002, sem qualquer resposta até esta data.

Ainda menino minha mãe dava-me suco de maracujá à noite para dormir. Não ouço vozes dos mortos, tampouco tenho visões de almas penadas. Acho apenas a existência de generalizado preconceito pelos fatos de eu ter passado em concurso nacional para ingresso na Escola Preparatória de Cadetes do Exército em 1972, Escola de Engenharia do Maranhão em 1975 (Engenharia Civil), Universidade Federal do Maranhão em 1976 (Licenciatura plena em Física), Universidade Federal do Piauí em 1980 (Licenciatura plena em Ciências da Natureza), concurso para ingresso no Banco do Brasil em 1979 (Teresina, PI), aprovado nas disciplinas Matemática aplicada e Análise matemática, em duas bancas distintas em 1995, para ingresso na Universidade Estadual do Maranhão (Diário Oficial do Estado Executivo Ano LXL nº 014, de 19.01.96, pág. 9), correspondente do jornal "Ombro a ombro", publicado no Rio de Janeiro; e autor de "homepages".

Sou requerente nos processos de protocolos Gerência Regional de Caxias nº 1298/02, de 05.06.02, prorrogação de licença para tratamento de saúde; nº 2605, de 28.09.00, licença para tratamento de saúde; nº 487/99, de 10.05.99, prorrogação da licença do processo GDH-DRE/CX nº 092/99; fui examinado por Dr. Adelman N. C. Júnior, São Luís, com aprovação; fui examinado por Dr. Francisco Airton Bezerra, Caxias, com aprovação; fui examinado por Dr. Claudionor Lobão Borges, São Luís, com aprovação; tomei posse na Universidade Estadual do Maranhao (UEMA); inscrevi-me na disciplina Matemática em concurso da UEMA (horário da realização da prova coincidiu com Matemática aplicada); inscrevi-me na disciplina Geometria analítica em concurso da UEMA (horário da prova coincidiu com Análise matemática); tomei posse na Secretaria de Estado da Educação na disciplina Matemática; ministrei a disciplina Inglês no Centro de Ensino de 2º Grau "Aluisio Azevedo"; sou detentor do First Certificate in English; fui apresentado pela Secretaria de Educação para o turno noturno; saí na folha anexo da portaria nº 421, de 03.07.96, no Diário Oficial do Estado; tendo sido examinado por Dr. Alvacir Ferreira Marques, em 13.01.99, com reprovação; correspondente no Maranhão do jornal "Ombro a ombro"; autor das páginas http://user1291458.sites.myregisteredsite.com/weblogonlinediarynehemias/ e http://nehemias.blogspot.com/.

Nehemias Carneiro

Rua São José, 409. Ponte.

65609-480 - Caxias MA

Caxias (MA), 14 de outubro de 2002.

Dr. Adelman Nogueira de Castro Júnior

A/C Centro Médico

Rua Paulino de Sousa, 17.

Monte Castelo

São Luís (MA)

Senhor Doutor,

Venho à sua presença solicitar-lhe o obséquio de proceder à leitura desta carta.

A razão de eu estar escrevendo-lhe uma carta é que eu preciso de uma argumentação médica que me seja favorável, ou uma contestação médica da sintomatologia observada pelo Médico Psiquiatra de Caxias, a saber: Humor lábil, ambivalência afetiva, manifestações alucinatório-delirantes de cunho persecutório, ruminações obsessivas, solilóquios, conduta bizarra, insônia.

Não tenho encontrado apoio para retornar a atividades discentes no Centro de Estudos Superiores de Caxias, embora tenha sido aprovado, em 1995, em duas bancas examinadoras, e no Centro de Ensino de 2º Grau "Aluísio Azevedo".

Em relação ao 2º grau, cheguei a falar com a Sub-gerente Regional de Caxias, Dra. Lurdes Itapary, em março de 2002, que me respondeu que havia consultado a Gerente de Educação, Ângela, e esta lhe respondera que eu não estava dando aulas "por ter problemas". Lúcia até sugeriu lotar-me na Secretaria de Saúde;

Em relação ao ensino superior, dei entrada em um requerimento solicitando a interrupção da licença-saúde, e retorno ao trabalho, em fevereiro de 2002, sem qualquer resposta até esta data.

Ainda menino minha mãe dava-me suco de maracujá à noite para dormir. Não ouço vozes dos mortos, tampouco tenho visões de almas penadas. Acho apenas a existência de generalizado preconceito pelos fatos de eu ter passado em concurso nacional para ingresso na Escola Preparatória de Cadetes do Exército em 1972, Escola de Engenharia do Maranhão em 1975 (Engenharia Civil), Universidade Federal do Maranhão em 1976 (Licenciatura plena em Física), Universidade Federal do Piauí em 1980 (Licenciatura plena em Ciências da Natureza), concurso para ingresso no Banco do Brasil em 1979 (Teresina, PI), aprovado nas disciplinas Matemática aplicada e Análise matemática, em duas bancas distintas em 1995, para ingresso na Universidade Estadual do Maranhão (Diário Oficial do Estado Executivo Ano LXL nº 014, de 19.01.96, pág. 9), correspondente do jornal "Ombro a ombro", publicado no Rio de Janeiro; e autor de "homepages".

Sou requerente nos processos de protocolos Gerência Regional de Caxias nº 1298/02, de 05.06.02, prorrogação de licença para tratamento de saúde; nº 2605, de 28.09.00, licença para tratamento de saúde; nº 487/99, de 10.05.99, prorrogação da licença do processo GDH-DRE/CX nº 092/99; fui examinado por Dr. Adelman N. C. Júnior, São Luís, com aprovação; fui examinado por Dr. Francisco Airton Bezerra, Caxias, com aprovação; fui examinado por Dr. Claudionor Lobão Borges, São Luís, com aprovação; tomei posse na Universidade Estadual do Maranhao (UEMA); inscrevi-me na disciplina Matemática em concurso da UEMA (horário da realização da prova coincidiu com Matemática aplicada); inscrevi-me na disciplina Geometria analítica em concurso da UEMA (horário da prova coincidiu com Análise matemática); tomei posse na Secretaria de Estado da Educação na disciplina Matemática; ministrei a disciplina Inglês no Centro de Ensino de 2º Grau "Aluisio Azevedo"; sou detentor do First Certificate in English; fui apresentado pela Secretaria de Educação para o turno noturno; saí na folha anexo da portaria nº 421, de 03.07.96, no Diário Oficial do Estado; tendo sido examinado por Dr. Alvacir Ferreira Marques, em

13.01.99, com reprovação; correspondente no Maranhão do jornal "Ombro a ombro"; autor das páginas http://user1291458.sites.myregisteredsite.com/weblogonlinediarynehemias/ e http://nehemias.blogspot.com/

Nehemias Carneiro

Rua São José, 409. Ponte.

65609-480 - Caxias MA

Enter content here

Enter content here

Enter content here

Enter supporting content here

www.ingramcontent.com/pod-product-compliance
Lightning Source LLC
Chambersburg PA
CBHW051332220526
45468CB00004B/1610